항해, 향해
Odyssey
Beyond

에센즈

생명나무를 찾아서 45.5×53cm), Oil on canvas, 2024   4

아침에 맞이하는 생명이, 누워있는 나를
여기저기서 부르고 깨운다.
어제의 고단했던 난, 새로운 햇빛을 맞고 공기를
마시며 결국 찾아내고야 만다.
오늘의 내가 잘 살아낼 수 있게 버티게 해줄
내 안에 감춰져 있던 '회복하는 나'라는 존재를.
멈춰야만 알 수 있는 것들이 있다.
매일 아침 눈두덩을 간지럽히는
햇살의 온기와 하루를 시작하는 삶의 소리,
햇살이 창문을 넘어서 벽에 그리는 생명의 무늬,
깊은 내면에서 움트는 회복의 감각 같은 것들.

시간의 힘으로 바래진 기억 속에서
형체는 투명해지고 빛바랜 사진처럼
모호하게 그려졌지만,
따스하고 부드러웠던 분위기는
늘 마음속 한 편에 남아있었다.

그곳에서 무한히 누릴 것 같았던
상상의 세계,
자유로움이 유난히 그리워질 때면
두툼한 이불을 끌어안고
온몸을 파묻었다.

Shelter 45.5×53(cm), Oil on canvas, 2022

껍질을 부수고 구겨진 날개를
끄집어내서 활짝 편다.
밖으로 빼낸 발에 힘을 주고
한 걸음 내디뎌 도약하는,
아침의 산뜻한 바람을 타고
날아가는 나비가 된다.

Dreaming 40×40(cm), Oil on canvas, 2023

나를 제외한 모든 것이 움직이는 세상에서, 창밖을 내다보며
가만히 서 있는데, 나뭇잎이 봄바람에 가볍게 흔들린다.
창문 틈으로 풀 내음이 묻어나는 아침의 공기가 밀려 들어와

마음을 다독이고, 괜찮은 하루가 될 거라고 속삭이며,
삶은 흐른다.

10p. **The garden of my heart** 53×65.1(cm), Oil on canvas, 2022

바람에 실려 오는 풀 냄새를 맡고, 흔들리는
초록을 바라보기만 하자.

햇살과 바람과 나무는 늘 곁에서 나를 쓰다듬고 안으며
불안을 잠재우고 흔들리지 않도록 지탱해준다.
나는 자연이 주는 무한한 자비를 안고
원하는 삶으로 나아가게 될 것이다.

내 안에 그어진 경계선을 지우고
정답이 없는 삶을 향해 한 걸음씩 나아간다.

머릿속을 가득 채웠던 생각들이 서서히 사라졌다.
고개를 들어 다시 바라본 하늘은 구름 떼가 사라지고
공백이 되었다.

온갖 걱정과 불안이 사라져버린 내면의 풍경처럼,
단단히 뭉쳐져 있던 응어리가 어느새 풀어져 있었다

항해 72.7×90.9(cm), Oil on canvas, 2022

변한 건 없었다. 내가 마주하고 있는 고민과 걱정은 남아있고,
내가 처한 현실을 마주해야 했다. 스스로 물었던 삶에 대한
질문에 답해야 하는 사람도 나라는 사실은 여전했다.
그러나 이전보다 삶을 긍정하고 싶어졌다. 내가 생각한 것보다
삶은 더 부드러울 거라고 믿고 싶어졌다.

항해 65.1×65.1(cm), Oil on canvas, 2024

난 아무것도 안 되는 게 아닐까, 걱정스러운 목소리에,
내가 날 안 믿으면 누가 날 믿어주겠어,
응답하는 단단하고 투명한 목소리가 겹친다.

세상은 다채롭게 만들어지는 무늬들을 담고, 그 세상을 거닐면서
무지(無地)했던 내 마음에도 조금씩 무늬가 그려졌다.

항해 65.1×65.1(cm), Oil on canvas, 2023

뿌리가 뻗어 나간 대로 가볍게 쓸어나가며
다시 천천히 발걸음을 옮기면서 내 안은 고요해지고,
오직 푸르른 녹음만이 짙게 드리워졌다.

세상은 이전보다 좀 더 다정하게 눈부셨다.

망각의 숲 90.9×72.7(cm), Oil on canvas, 2023

겉으로 드러내지 않고 품은 아픔은 눈물을 머금고
곯을 수 있고, 의지로 다져서 나를 더 단단하게 만들 수도 있다.
작은 동물에게 과육을 전부 내어주고 땅으로 떨어진 씨앗에서
새 생명이 피어나듯, 내 안의 깊은 곳에서 회복의 싹이 피어날
수도 있다. 슬픔이 나를 나약하게 만들 수만은 없다.

Dreaming 40×40(cm), Oil on canvas, 2023

난 굳이 혼자가 된다.
시공간이 모두 내 것이 된 기분은
정말이지 무한히 자유롭다.
그러나 거대한 나무들이 빽빽하게
하늘을 뒤덮은 숲속에
홀로 서 있는 것처럼
고요한 적막이 주변을 에워싸면,

어떤 감흥도 일어나지 않는
척박한 곳이 되어버리고
타자의 온기가 그리워진다.

망각의 숲 50×50(cm), Oil on canvas, 2023

그냥 그런 거야, 하는 마음으로 내가 마주한 고난을
그대로 받아들이기로 하면, 식물처럼 마음을 가꾸게 된다.
햇볕을 쬐게 하고 바람이 통하는 곳에 두고 흙이 마르지 않게
물을 주면서, 눈에 띄지 않아도 아주 조금씩이라도 자라고 있는,
밑에서부터 올라오는 그 무언가가 단단한 땅을 뚫고 머리를 들어 올리는
순간을 잊지 않기 위해 틈틈이 들여다보며 묵묵히 기다린다.

Dreaming 40×40(cm), Oil on canvas, 2023

힘차게 내쉬었다가 깊게 들이
마시는 숨이 폐를 가득 채우고,
신선한 공기가 온몸을 휘돌았
다. 살아있다는 감각을 강렬하
게 느끼며 발을 구르는 것을 멈
출 수가 없었다.

항해 50×50(cm), Oil on canvas, 2024

지평선에 걸린 태양이 오늘의 마지막 빛을 퍼뜨리며 서서히 사라져가고 있었다. 영롱하게 반짝이는 눈빛들이 한 곳에 모였고, 그들의 손가락도 시간을 잃어버린 듯 허공에서 움직임을 멈췄다. 고개를 든 얼굴들이 붉은 빛으로 물들었다.

생의 감각, 삶의 환희, 엄습한 고독, 알 수 없는 슬픔. 여러 감정이 교차하며 비슷한 결의 감정이 서로의 간극을 타고 흘러 연결되는 것 같았다. 눈빛과 표정들이 묘하게 닮아 있었다.

항해 50×50(cm), Oil on canvas, 2022

생의 존재가

피할 수 없는 슬픔과 그 위로

겹치는 고독이 쌓여가는 저녁이었다.

하루의 끝을 아쉬워하는 마지막 섬광이

주변을 환하게 비췄고,

어둠에 감춰져 있던 얼굴들이 드러났다.

거대한 구름 사이에서 내려온

황금색의 빛줄기가

그들의 얼굴에 흩뿌려졌을 때,

경이로움에 흔들리는

그들의 눈동자를 보고 나서야,

나도 빛의 얼굴을 하고 있음을,

우리가 모두 구원받았음을 알았다.

항해 65.1×65.1(cm), Oil on canvas, 2023

나의 눈은 여행자의 눈이 되어 세상을 바라본다.
익숙함에 건조해진 눈을 비비고, 그동안 보아왔던 것을 처음 보듯
이 세밀하게 바라보는 연습을 한다. 보이지 않았던 것들이 눈을 깜
빡일 때마다 모습을 드러내고 석판화의 색판을 추가하며 만드는
것처럼, 보면 볼수록 풍경이 다채로워진다.

행복은 만들고 찾아내는 게 아니라, 언제나 내 옆에 존재하고 있음
을 깨닫고 발견하는 것이라는 말을 믿는다면, 여행자가 되어 일상
의 낯선 곳을 누비면서 내 삶은 더욱 풍요로워진다.

푸른빛 밤 33.4×24.2(cm), Oil on canvas, 2023

눈을 감고 뜨거운 물을 온몸으로 맞는다.
이곳엔 아무도 없다.
누구에게도 드러나지 않고,
나만 알 수 있는 공간에 혼자 서있다.
내 감정이 토해내는 소리를 묻을 수 있다.
종일 숨기고 참았던 감정을 드러낸다.
나를 바라보는 건 오직 나일 뿐이니까.

푸른빛 밤 27.3×22.0(cm), Oil on canvas, 2023

나를 억압하는 건 나 자신이고,
나를 해방하는 것도 나 자신이다.
쌓아둔 감정의 무게에 짓눌려
납작해져 버리기 전에,
묵혀 두었던 감정을 꺼내
자유로워질 수 있는 시간이 필요하다.

푸른빛 밤 27.3×22.0(cm), Oil on canvas, 2023

개화 72.7x60.6(cm), Oil on canvas, 2025

나는 언제나 내 개화의 때를 기다리련다.
그때에 내게 와 활짝 꽃 피워주고
향기를 내뿜어주기를
그렇게 내게 뿌리내려주기를 또한 기다리련다.

기다림 끝에 끝내 보리라.

46p. **Shelter** 45.5×53(cm), Oil on canvas, 2022

나의 하루가 안녕함을 전하며
상대의 안녕함을 살피는 마음.
이보다 평화롭고 사랑스러운 순간이 있을까.
잔뜩 주름진 지친 마음을, 단단한 손으로
반듯하게 펴주는 위로의 말들.
오늘이 아무리 힘들었더라도 평온한 잠을
자기를 바라는 마음이 나를 감싸 안고,
내일을 사는 힘을 실어준다.

누군가 손을 내밀고, 그 손을 잡고, 내가 다른
누군가에게 반대쪽 손을 내미는 이야기들. 어둠이 깔린 푸른 새
벽에는 그런 이야기들이 마음을 끌고, 잠이 떠나간 자리를 메워
준다. 그리고 그 이야기에 나오는 따뜻하고 연약한 손들을 생각
하고 있었다.

기꺼이 그에게 손을 내밀고 그의 손을 잡고 함께 아픔을 감수하고
견디는 것. 이기적이고 겁이 많은 내가 그런 용기를 낼 수 있을까.
용기를 내고 싶었다. 단 한 명을 위해서라도 손을 뻗고 맞잡아서 아
픔을 함께 견디는, 강인한 사람이 되고 싶었다.

내 곁에 늘 있으면서 느리게 가도 언제까지나 기다려주는
존재들을 떠올리면서, 새벽이 끝나지 않을 거라 여겼던
막막한 시간이 점차 밝아지고 있음을 느꼈다.
눈에 보이지 않지만, 언제나 곁에 있었던
존재로 인해 지금의 내가 살아있음을 깨닫는다.
노래의 선율을 가볍게 흥얼거리며,
새벽의 시간을 잠잠하게 건너간다.

사소하고 단조로워 보이는 일상에는 굉장한 힘이 있다.

오늘을 살게 하고 내일을 위해 일어나는 의지는 절대 가볍지 않다.

삶에서 어쩔 수 없이 마주하는 고난,

고난을 마주하고 이겨내는 자신을 대견하게 여겨야 한다.

나를 살게 하는 일상의 힘을 기억해야 한다.

모두 잠든 고요한 새벽, 일상에서 반 발짝 벗어난 시간. 자신이 정한 일터로 향하는 그의 눈에 어린 눈물은, 고되지만 견뎌야하고, 지루하지만 찬란한 일상을 비추는 거울이 되어 그의 볼을 타고 흘러 내렸다.

살아내는 자에게 무탈한 일상이 주는 단단한 위로의 손이 내 어깨를 가만히 두드렸다. 내 볼에서도 뜨거운 무언가가 흘러내렸다. 어둠의 시간에 묻혀 있던 난, 다가오는 여명을 향해 고개를 들고 손에서 놓았던 노를 바투 잡았다. 계속 나아가기 위해.

날마다 항해 30×30(cm), Oil on canvas, 2023

언제나 내 곁에
당신이 있어줄 것이라고,
언제나 나를 인도해 줄 것이라고,
결국 나를 살려줄 것이라고,
당신은 말했다.

언제나내가 45.5×53(cm), Oil on canvas, 2023

Dreaming 30×30(cm), Oil on canvas, 2023

꽃을 피워낼 수 없다고 한 그 순간에
절망이 희망으로 바뀔 때,
마치 벼랑 끝에 피어난
꽃을 바라볼 때와 같은 그 환희가,
곧 우리에게 다가오기를

저 문 너머를 마냥 바라고 상상했던 적이 있었다.

저 수평선 너머의 그 세상에 내가 닿게 된다면,
그 니너의 세상이 있을 것이라고 막연하게만 상상했었다.

천국의 문 91.0×116.8(cm), Oil on canvas, 2022

이제 내겐 실체가 되었다.

그곳은 반드시 존재한다.
언젠가 나도 가게 될 그 세상을
이젠 정말 기다린다.

천국의 문 45.5×53(cm), Oil on canvas, 2022

Dreaming 40×40(cm), Oil on canvas, 2023

Dreaming 40×40(cm), Oil on canvas, 2023

"기억 수집가"

당신의 기억, 지울 필요 없다 324.4×260.6(cm), Oil on canvas, 2015   66   6

기억의 단편 33.4×24.2(cm), Oil on canvas, 2019

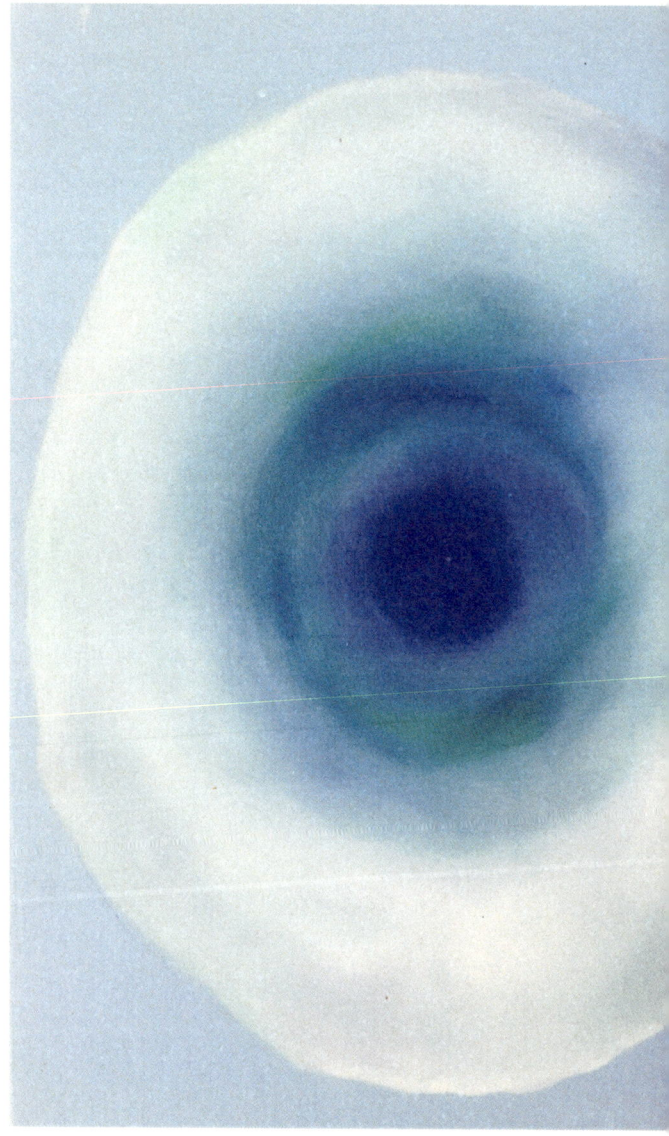

당신의 기억, 지울 필요 없다.
과거의 모든 순간이 현재의 당신을 만들었으니

기억의 조각들을 한데 모아 당신의 품안에
고이 간직하기를

기억의 단편 53x45.5(cm), Oil on canvas, 2019

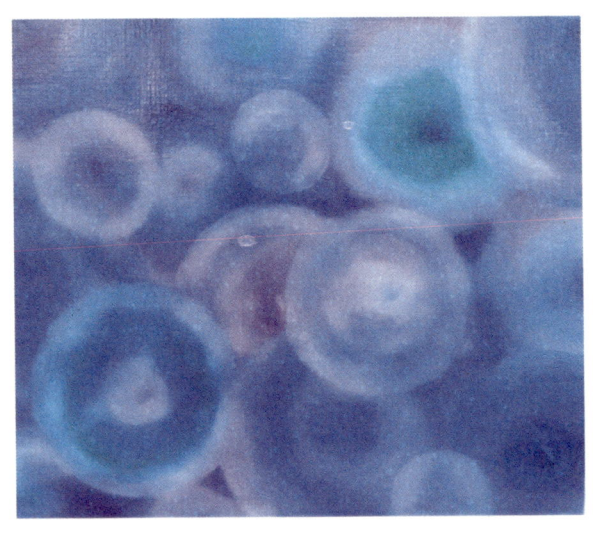

나의 기억의 조각들이 모여 나를 이룬다.

기억의 단편 45.5×53(cm), Oil on canvas, 2022

당신을 이루고 있는 기억 조각들은 무엇인가요.?

기억의 단편 45.5×53(cm), Oil on canvas, 2022

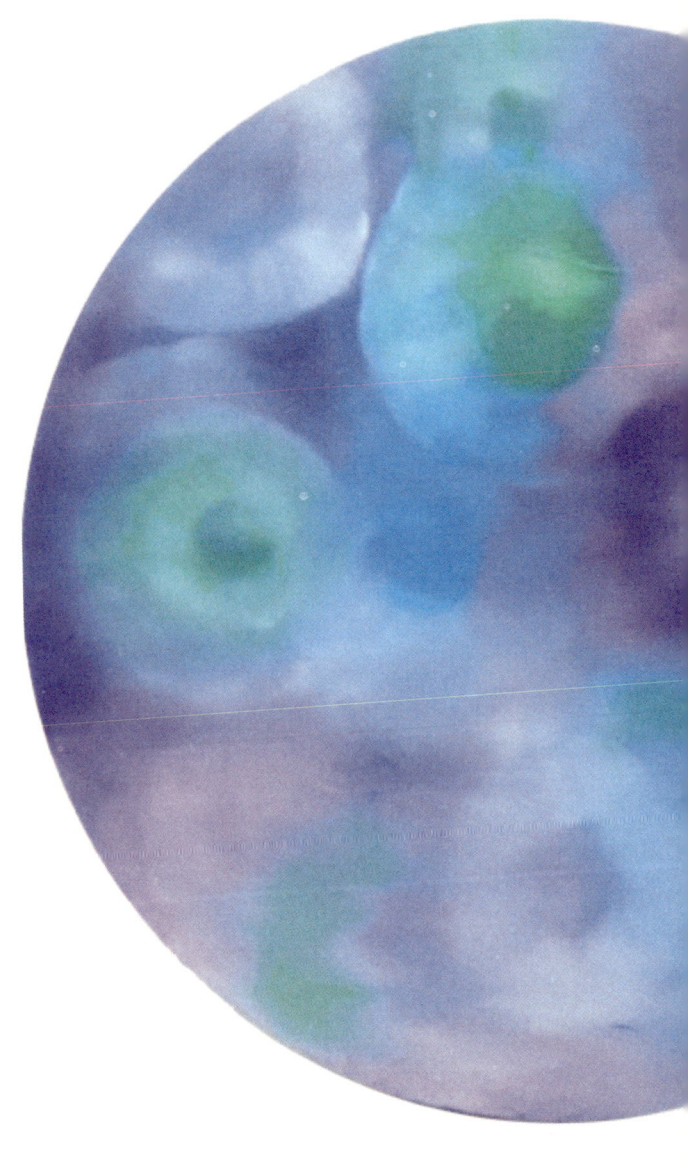

모든 순간들이 겹쳐져 현재의 내가 됐다.
나는 그런 순간들로 오늘 하루를 더
감사할 수도 있고, 사랑할 수 있다.

당신은 괜찮고, 앞으로도 괜찮을 것이다.
언제나 날마다 앞으로 나아가자.

기억의 단편 50×50(cm), Oil on canvas, 2022

"과거의 모든 순간이 현재의 당신을 만들었다."

당신의 기억, 지울 필요 없다 91.0×116.8(cm), Oil on canvas, 2019

언약 72.7x90.9(cm), Oil on canvas, 2024

당신과 나의 언약을 기억하나요.
오늘도 당신의 그 언약을 기억하며
이 자리에서 기다립니다.

절대 변하지 않는 마음을 가지겠다고
다짐했다. 역시나 당신은 변하지
않을 것이라는 걸 안다고 대답했다.
그간 고생했다. 수고했어.

나는 당신의 어린 그 소녀의 때부터,

당신의 노년의 때까지

단 한순간도 사랑하지 않은 적이 없었어요.

당신의 어린 시절 162.1x130.3(cm), Oil on canvas, 2019

소녀 31.8x40.9(cm), Oil on canvas, 2022

소녀 31.8x40.9(cm), Oil on canvas, 2022

"모든 눈물을 그 눈에서 닦아주시니 다시는 사망이 없고
애통하는 것이나 곡하는 것이나 아픈 것이 다시 있지 아니하리니
처음 것들이 다 지나갔음이러라."

그곳은 눈물도 사망도 애통도 없는
기쁨과 소망만이 가득한 곳이니,
날마다 소망하며 기잔잔한 강이 흐르듯
내 마음의 평안을 주는 것도,
활짝 꽃피워낼 원동력을 허락하는 것도,

모두 다 오롯이 당신의 것입니다. 기다리며 나아갈게요.
우리 그날 아침, 거기서 꼭 다시 만나요.

천국의 여정 116.8x91(cm), Oil on canvas, 2019

망각의 숲

아픈 기억, 슬픈 기억, 이 곳에 다 두고 떠나요.

이 숲에 두고 훌훌 털고 당신은 홀연듯 떠나세요.

당신만 가벼워진다면 더할 나위 없어요.

망각의 숲 45.5×53(cm), Oil on canvas, 2023

(上) **망각의 숲** 50×50(cm), Oil on canvas, 2024
(下) **망각의 숲** 40.9×31.8(cm), Oil on canvas, 2024

(上) 숲길 45.5×53(cm), Oil on canvas, 2022
(下) 호수 22×27.3(cm), Oil on canvas, 2022

그곳에는 잘 도착했나요?
언젠가 다시 만나러 갈게요.
생명나무를 찾아가는 여정 속에
당신이 내 곁을 언제나 지켜줄 것이라고
항상 응원해 줄 거라고 믿어 의심치 않아요.

여전히 보고 싶지만 당신은 그곳에서 행복하니까
그리움은 내 몫으로 남기고
다시 만날 그날만을 기다리며
나는 살아갈 거예요.

나는 걱정하지 말아요.
나도 당신 걱정을 하지 않을 테니,
행복한 당신 얼굴만 생각하며 기다릴게요.

생명나무를 찾아서 90.9×72.7(cm), Oil on canvas, 2024

잔잔한 강이 흐르듯 내 마음의 평안을 주는 것도,

활짝 꽃피워낼 원동력을 허락하는 것도,

모두 다 오롯이 당신의 것입니다.

푸른빛밤 22.5×22.5(cm), Oil on canvas, 2023

망각의 숲 50×50(cm), Oil on canvas, 2023

이 곳에서 나쁜 기억은 다 잊고 당신은
그저 이 반딧불이의 빛만 보고 나아가세요.
빛이 당신의 길을 인도해 줄 거에요.

목록

작가노트 <최홍원 작가>

'항해' 시리즈

    난항이라 생각할지라도 내게 그런 때가 있었다. 캄캄한 새벽 밤 바다에 내가 몰고 가고 있는 배 한 척이 나아가야 하는데 노를 젓지도 못해 바다 한가운데 표류해 있는 그런 때. 사방이 다 막혀서 그 어떤 곳으로도 나아가지 못해 답답한 마음에 한숨만 나오는 그런 때. 뚫고 나아가야 하는데, 그래야만 하는데 알면서도 나아가지 못해 지쳐서 그 자리에 멈춰있던. 그때 당신이 내게 말했다. "너는 난항이라 생각할지 몰라도, 너는 잘 가고 있다." 너무 지쳐서 더 이상 나아갈 바를 알지 못했던 그때, 가장 내 마음이 어두운 곳에 있을 때 당신은 그것조차도 어둠이 아니었다며 그 어둠조차 빛이었다고 내게 말했다. 캄캄한 어두운 밤바다를 목적지 없이 내가 가는 것은 아닐지 생각할지라도, 노를 젓지도 못한 채 바다 한가운데 머물러 있는 것 같을지라도, 나는 그 역시도 잘 나아가고 있고, 노 젓기를 멈추지 않고 있다고 말했다. 그렇다. 나는 여전히 나아가고 있다. 멈춰있어도 나는 나아가는 중이다. 반드시 어둠이 내게 찾아올 것 같고, 기대와 소망보다는 두려움이 나를 더 강하게 누를 때가 더 많을 것이다. 내가 지나온 길이 혹여나 잘못된 선택은 아니었을지 후회가 되는 순간이 올 수도 있을 것이다. 그러나 그 역시도 나아가는 과정 중에 있는 것이다. 지금 비록 내가 난항이라고 생각할지라도 언젠가 뒤돌아봤을 때, 나는 아주 잘 나아가고 있었다는 것을 깨달을 것이다. 그런 때를 보내는 순간들이 있다면 현실에 지쳐 나가지 못하고 있다면, 부디 날마다 앞으로 나아가는 삶을 살아가기를.

 만일 흑암이 나를 덮고 나를 두른 빛이 밤이 되리라고 할지라도 우리의 어둠도 밤도 대낮처럼 밝을 것이다. 앞으로도 우리 날마다 나아가자. 우리의 항해가 난항이라 생각할지라도 뒤돌아봤을 때 우리는 순항이었을 것이다. 계속해서 나아가자.

당신의 기억을 지울 필요 없다. 시리즈
 당신의 기억을 지울 필요 없다. 과거의 모든 것들이 현재의 '나'를 만들었다. 인생을 살면서 우리는 많은 기억을 가지고 살아간다. 보이지 않는 기억들이 내 안에 존재한다.
기쁨, 슬픔, 분노, 절망, 환희 등. 항상 행복하면 좋으련만 때때로 불청객 같은 기억들이 때때로 생각의 문을 두드린다. 습관적으로 곱씹다 보면 그 기억들에 잠식당해 우울을 삼키기 시작한다. 그런 순간이 오면 그 기억의 잔상들을 마치 나무의 잔가지들을 잘라내듯 쳐 낸다. 내 머릿속에 뿌리를 내리지 못하도록 잘라내는 것을 부단히 노력한다. 누구에게나 생각하는 것만으로도 기쁠 수도 화가 날 수도 우울할 수도 있는 기억들이 존재한다. 또 지나간 일들을 너무 그리워하거나 그때가 좋았다고 돌아가고 싶다고 생각하기보다 언제나 하루하루 앞으로 나아가고 싶다. 그 기억들 위에 내 하루하루의 작은 기록들이 작은 일상들이 색을 덧대듯 다시금 올려

진다. 모든 순간이 겹쳐 현재의 내가 됐다. 나는 그런 순간 들로 오늘 하루를 더 감사할 수도 있고, 사랑할 수 있다. 현재에 감격하기도 하고, 지금 당장 내 곁에 있는 사람들로 기쁘고, 순간의 일상에 사무치게 감사할 때도 있다. 그렇기에 과거의 내 후회나 미련들이 사라지길 바라지 않아도 되지 않을까 한다. 그 순간들이 있었기에 지금의 내 상황과 사람들에게 감사하고 기뻐할 수 있기 때문이다. 많은 사람에게 가끔 쓰고 아픈 기억들이 마치 나무의 뿌리처럼 다시금 마음에 뿌리내리려 할 때가 있을 것이고, 바다의 깊은 심연을 들여다보는 것처럼 내 내면의 심연을 마주할 때도 있을 것이다. 마치 그 불청객 같은 그 기억들은 떨쳐버릴 수도 있고, 더 큰 사랑으로 덮어낼 수도 있을 것이다. 덮인 것들이 수면 위로 다시 드러날지라도, 또다시 덮어내면 된다. 쓴 기억들은 마치 정류장에 잠깐 정차하는 버스 같은 존재일 수 있으니, 상처로 고통을 받거나 과거의 쓴 기억으로 괴로움을 받고 있는 사람들이 있다면, 당신은 괜찮고, 괜찮을 것이라는 말하고 싶다. 캄캄한 어두운 밤바다를 목적지 없이 내가 가는 것은 아닐지 생각할지라도, 노를 젓지도 못한 채 바다 한가운데 머물러 있는 것 같을지라도, 나는 그 역시도 잘 나아가고 있고, 노 젓기를 멈추지 않고 있다고 생각한다. 나는 여전히 나아가고 있다. 지금 비록 내가 난항이라고 생각할지라도 언젠가 뒤돌아봤을 때, 나는 아주 잘 나아가고 있었다는 것을 깨달을 것이다. 부디 현실에 지쳐 나가지 못하고 있다면, 날마다 앞으로 나아가는 삶을 살아가기를.... 날마다 앞으로 나아가기를...

'성장' 시리즈

　날마다 앞으로 나아가기를.'성장' 시리즈 어두운 골짜기를 지나 '우리'가 햇빛을 나눌 때까지 해 뜨기 전이 가장 어둡다. 우리의 인생의 여정이 마냥 밝은 빛처럼 밝기만 하다면 좋으련만, 가끔 내가 가장 어두운 터널 속을 걷고 있다고 생각할 때가 있다. 그 어두운 터널의 끝에는 눈부시도록 빛날 '빛남'이 기다리고 있다. 해 뜨기 직전 가장 어두운 밤을 생각해 본다. 항해 시리즈에 이어 삶의 극복을 담아내고 나아가는 모든 사람의 여정을 함께 그려낸다.

　이 시리즈에서는 함께 빛을 나누는 숲을 보며 영감을 얻었다. 눈으로 담았던 숲과 제각각의 형태로 살아내온 식물들을 기억해 화폭 속에 그린다. 그렇게, 밝게 빛날 햇빛을 나눌 그날을 기대하며 오늘도 하루를 보낸다. 항상 빛나는 햇살같이 우리의 마음이 날마다 따뜻할 순 없겠지만, 다시금 꿈꾼다. 또다시 '함께' 나아간다. 우리들의 인생의 여정을 '항해'에 빗대어 표현하며 또한 다시금 나아가며, 어두웠던 그 터널의 지나, 햇빛을 나누며 새롭게 시작할 우리의 새 시작을 응원하며 꿈꾼다. 열심히 살아내 보고자 노를 젓고 넘어져도 다시금 일어났던 시간 속에서 갑절의 '빛남'이 우리에게 다시 찾아올 것이다. 우리 모두에게 찬란한 여정이 허락되기를. 우리의 해는 곧 뜰 것이다. 가장 어두운 터널 속을 지나고 있다고 생각하는 모든 이들에게 곧 그 터널 끝의 빛남이 당신에게 선물처럼 다가가기를 나는 오늘도 소망해 본다.

천국 시리즈

　새 하늘과 새 땅. 또 내가 새 하늘과 새 땅을 보니 처음 하늘과 처음 땅이 없어졌고, 바다도 다시 있지 않더라. 또 내가 보매 거룩한 성 새 예루살렘이 하나님으로부터 하늘에서 내려오니 그 준비한 것이 신부가 남편을 위하여 단장한 것 같더라. 내가 들으니, 보좌에서 큰 음성이 나서 이르되 보라 하나님의 장막이 사람들과 함께 있으매 하나님이 그들과 함께 계시리니 그들은 하나님의 백성이 되고 하나님은 친히 그들과 함께 계셔서 모든 눈물을 그 눈에서 닦아 주시니 다시는 사망이 없고 애통해하는 것이나 곡하는 것이나 아픈 것이 다시 있지 아니하리니 처음 것들이 다 지나갔으면 이러라 보좌에 앉으신 이가 이르시되 보라 내가 만물을 새롭게 하노라 하시고 또 이르시되 이 말은 신실하고 참되니? 기록하라 하시고.

　그곳은 눈물도 사망도 애통도 없는 기쁨과 참 소망만이 가득한 그곳이니, 행복하고 평안한 곳이니, 날마다 소망하며 기다리며 나아갑니다.

개화 시리즈

　종종 내게만 그 일들이 허락되지 않을 거 같은 생각이 들 때면 나의 '때'는 언제인가 고민해 본다. 그러나 돌아보면 내 개화의 때는 언제나 완벽했다.

　각자의 개화의 시기와 때는 모두 다르다. 우리의 시간표가 다를 뿐이다. 기다리던 일들이 이루어지지 않았다면, 아직 내 시간표가 이른 것일지도 모른다. 낙담하는 그 시간도 어쩌면 필요할지 모른다. 그래야 내 개화의 때가 왔을 때 온전히 알게 될 것이다.

아! 완벽하다. 시기적절하다.! 내 개화의 시기는 다가오고 있을 뿐이지. 내게 오지 않은 것이 아니다. 오지 않을 것도 아니다.

만일 흑암이 나를 덮고 나를 두른 빛이 밤이 되리라고 할지라도 우리의 어둠도 밤도 대낮처럼 밝을 것이다. 앞으로도 우리 날마다 나아가자. 우리의 항해가 난항이라 생각할지라도 뒤돌아봤을 때 우리는 순항이었을 것이다. 계속해서 나아가자.

이력

1. 개인전
2022 "당신의 기억을 지울 필요 없다." 개인전 갤러리아트 14, 화순
2016 "당신의 기억을 지울 필요 없다." 개인전 모던달빛 갤러리
2. 단체전
2024 <영역의 모부(謀部)>, Gallery The ARTE 청담
2024 'The art story of a small castle', Vvs museum 서울
2023 플리옥션 [2회차 작가 기회전] 경매 참가, 서울
2023 Keeptiq 갤러리아미디 한남, 서울
2023 갤러리아트버디 홍대 단체전 'We are young', 서울
2023 서울 옥션 기획전 'In the Garden' 경매 참가, 서울
2023 Keeptiq 다다프로젝트 연희동 단체전, 서울
2023 갤러리아미디 한남 When We Are Together, 서울
2023 갤러리아미디 연남 FRAME [ART SHOP] 프로젝트, 서울
2023 NFETA 에스티아 토끼의 선물 단체전, 용인

2022 플리옥션 기획전 경매 참가, 서울

2022 갤러리아미디 월[月:Wall] 프로젝트, 서울

2022 언하이드 2022 yka 프리즈 展 문래동, 서울

2022 Drawinging 드로잉잉전 갤러리인사1010, 서울

2022 제 3회 아트오일장 갤러리아미디 신촌, 서울

2022 예술의 전당포 예술품 판매 전시 독립예술관 꿈이룸, 서울

2016 3rd with artfair 2016 그랜드 인터컨티넨탈 파르나스, 서울

2016 project zebra part2 artspacenoon, 수원

2016 조선일보 미술관 광화문르네상스전 조선일보 미술관, 서울

2015 서귀포 예술의 전당 제주 바람전 서귀포 예술의 전당, 제주

2015 한전아트센터 한중수교 23주년 교류전 한전아트센터 갤러리

2014 제 24회 수원대학교 미술대학 서양화과 졸업작품전

I'M FINE ART 인사동이즈갤러리, 서울

3. 아트페어 & 수상내역

2024 갭이어 프로젝트 경기도지사상 최우수상 - 경기도일자리 재단

2024 ㅊㅊㅊ 천안 청년 창작 아트페어 천안

2024 Moat Art-fair 아트필드갤러리 문래

2024 재건:리제너레이션 아트페어, 예술의전당 한가람미술관

2023 김대중컨벤션센터 광주아트페어 '아트광주23' 광주

2021 제 8회 서울국제일러스트레이션 공모전 입선 서울미술협회

2013 16회 한국패션일러스트레이션 공모전 입선

2013 부산국제일러스트 공모전 특선 아시아패션연합회 부산지회

4. 경기도 프로젝트 참여

2025 경기도 거리로 나온 예술사업 프로젝트 - 경기아트센터 주관

2025 경기 모든예술31 김포사업 프로젝트 참여 - 경기문화재단 주관

작가노트 <천소이 작가>

 우린 어째서 잠시 머무를 틈도 없이 살아야 하는 걸까. 몸과 마음
이 지친다고 느낄 때쯤 '여유로운 삶'에 대한 탐구를 시작했다. 그
리고 잠시 쉬었다가 가도 괜찮다는 마음을 품었고, 일상에서 회복
하는 힘을 얻고 조금씩 나아가는 마음까지 다다랐다.
 일상의 공간과 시간을 배경으로 자신만의 속도로 흘러가는 하루
의 소중함에 관해 쓴 글이 최홍원 작가의 그림과 어우러졌다. 두 작
가가 동일하게 전하는 '감정'에 대한 메시지를 매개로, 결국 우리
모두가 나아갈 삶의 여정을 응원한다.

 여름이 시작되던 무렵 그를 처음 만났다. 타인에게 먼저 다가가
기 어려워하는 나와 달리, 그는 서슴없이 먼저 다가와 말을 걸고 함
께 밥을 먹자고 했다. 붙임성 좋은 그가 내게 손을 내밀었기에, 공
통점을 찾아보기 힘든 우리가 인연을 이어가고, 둘이 함께 작업하
는 도전을 감행할 수 있었다. "우리 같이 작업해볼래요?" 의심이
조금도 묻어있지 않은, 그의 말 한마디가 이 프로젝트의 시작점이
되었다. 어떤 선택이든 바로 결정하지 못하고 주춤하는 내게, 그
는 단호한 표정을 지으며 일단 해보자고 말했다. 흔들리지 않는 그
의 눈빛 때문이었을까, 내가 통제할 수 없는 일이 발생할 때 감당
할 수 있을지 걱정되면서도, 지금까지 내가 알던 것보다 훨씬 더 풍
요로운 세상을 만날 거란 기대감에, 마음속 깊은 곳에서부터 거대

한 호기심이 일었다.

　우리의 첫 협업 프로젝트는 걱정 많은 내 안에 잠들어있던 설렘이 부풀어 오르며, 늘 당당한 그의 확고한 믿음을 안고 나아갔다. 글이 막힘없이 써지는 날은 한 글자라도 놓치지 않기 위해 몇 시간이 지나도 자리를 떠나지 않고 화면을 채워나갔지만, 고질적인 의심과 불안이 번번이 튀어나와 글을 멈추는 날이 더 많았다. 예상보다 더디게 작업을 이어가며 그와 만난 이후 두 번째 여름의 초입을 맞았다. 햇볕이 적당히 따뜻하고 바람도 선선했던 어느 날, 문장이 튀어나와야 할 손이 자꾸 멈추고 창밖의 풍경에 계속 시선이 갔다. 날이 너무 좋아서인지, 글을 쓰는 내 마음을 헤아리지 못해서인지 갈피를 잡지 못하며 우두커니 앉아, 그가 전해준 그림을 보면서 어울리는 글을 찾았다.

　답답한 마음에 자리에서 일어나 혼자만의 생각에 잠겨있는데, 메신저 알림음이 울렸다. 화면을 가득 채운 건, 형형색색의 꽃이 가득 피어나 신비로운 빛을 머금은 듯한 그림이었다. 아직 완성하진 못했지만, 작업하고 있는 모습을 보여주고 싶었다는 그의 말에 내 얼굴에도 꽃 같은 미소가 잔잔하게 피어올랐다. 그러자 안개가 걷힌 것처럼 모호했던 문장들이 이어지며 그림에 어울리는 글이 생각났다. 작업 중이던 원고에서 그림에 어울리는 글을 발췌하고 그의 그림에 답했다. 따로 떨어져 있던 그림과 글을 합쳐서 한 자리에 배치하니, 글에서 떠오르는 심상을 그림으로 표현하고, 그림에서 못다

한 말이 글로 읽히며, 마음속 비어있던 자리가 풍성하게 채워졌다. 서로 얼굴을 마주 보고 있었다면 그는 분명 손뼉을 치며 그거 보라며, 하길 잘했다며 환하게 웃었을 것이다. 그날 난, 무언의 응원을 받은 것처럼 나에 대한 의심이 사라지고 긍정적인 힘이 차올랐다. 비로소 우리가 전하고자 하는 메시지에 집중하며 내가 지금 하는 작업의 의미를 진심으로 받아들일 수 있게 되었다.

   각자의 생활과 작업에 몰두하며, 간간이 서로의 안부를 물을 때면, 요즘 어떻게 작업을 하고 있는지 확인하고 독려하면서 살아가는 이야기를 했다. 사소하고 심심한 인사를 건네고 묵묵히 작업을 이어나가며, 그동안 품었던 고민과 생각이 묻어나오는 우리의 대화가 그림과 글로 피어났다. 내 안의 호수에 몸을 담그고 유영하는 시간, 그의 그림을 보고 떠오르는 단어를 모으고 문장을 만들면서, 작업하는 내내 우리가 느낀 감정과 생각이 계속 연결되는 기분이 들었다. 그리고 우리가 느낀 감동을 잊지 않고 사람들에게 전하고 싶었다. 스스로 정한 길을 불안해하면서도 계속 나아갈 수 있는 건, 스스로 믿는 마음뿐 아니라 나를 믿어주는 존재들의 힘 덕분이 아닐까. 우린 서로에게 믿어주는 존재가 되었다. 누군가에게 위안을 주고 힘이 되어주기를 바라는 마음으로 준비한 프로젝트가 마무리되었다. 우린 안다. 이게 끝이 아니고 시작임을.

@forestshower_01
forestshower@naver.com

에필로그

　엄마, 나야 홍원이.

엄마가 나에게 맨날 하던 말이 있었잖아.

"너는 나한테 평생 고마워해라!. 너 미대 가게 해주고, 평생 그림 그릴 수 있게 해 줬잖아."

내가 그림 그리고 있으면 맨날 내 뒤에서 이렇게 말하면서 장난쳤잖아. 그럼 나는 항상 "엄마 고마워~ 미대 보내줘서 고마워. 평생 그림 그릴 수 있게 해 줘서 고마워."라고 대답하면서 말이야.

　이 책도 나오면 엄마 가장 먼저 보여주고 싶었는데, 이 책은 엄마를 위한 책이야. 엄마에게 바치는 내 선물이야. 너무 늦은 건 없을 거야. 그치?

　아 맞다, 엄마 나는 엄마가 이 말 해줄 때마다 아주 많이 행복했어. "홍원아, 네 그림을 보고 있으면 내 마음이 평안해진다." 내 그림을 보고 있으면 마음이 평안해진다고 했었잖아.. 난 그 말이 제일 좋았어 엄마. 내가 그림 그리는 이유였어. 앞으로도 사람을 살리는 그림을 그리고 싶어. 그리고 엄마는 꽃을 참 좋아했잖아. 앞으로도 엄마를 위해서 많이 그릴게.

　내가 그림 그리는 이유였고, 앞으로도 이유가 될 세상에서 가장 멋지고 최고였던 우리 엄마. 영원히 사랑해요.

　우리 엄마 최인숙에게 이 책을 바칩니다. <최홍원 작가>

최홍원 작가와 함께 작업하며 두근거리는 마음으로 살았습니다. 그를 보고 있으면 뜨거운 여름 볕을 맞으며 푸른 에너지를 발산하는 나무가 생각납니다. 여름의 나무 같은 그가 든든하게 서 있어준 덕분에, 프로젝트를 잘 마칠 수 있었습니다. 이전까지 알고 있던 세계를 넓혀준 그에게 감사의 말을 전하고 싶습니다.

그리고 이 책이 나오기까지 함께해 주신 에센츠 대표님께도 감사드립니다. 바쁜 일정에도 저희 작업을 꼼꼼히 챙겨주신 따뜻한 마음을 잊지 않겠습니다. 늘 곁에서 묵묵히 응원해주는 사랑하는 가족에게 감사합니다. 당신들이 있기에, 때때로 약해지는 마음을 다잡고 느리지만 한 걸음씩 나아갈 수 있어요. 단단하고 뿌리 깊은 믿음을 주는 가족을 온 마음으로 사랑하고, 저 또한 가족에게 든든한 존재가 되고 싶습니다.

내가 아무것도 아닌 것처럼 느껴지는 시기에, 넌 그대로 멋지다고 용기를 주는 친구들. 우리 우정이 오래도록 빛나기를 바라며, 내가 받은 마음을 품고 무구한 마음으로 너희를 사랑할게.
마지막으로 귀한 시간을 내어 저희 작업의 기록을 살펴주신 모든 분께 진심으로 감사드리며, 이 기록이 삶의 한켠에 소중한 여운으로 남기를 바랍니다. <천소이 작가>

항해, 향해

2025년 9월 23일 1판 1쇄 펴냄

글   천소이 최홍원

그림   최홍원

편집   정은경

펴낸곳   에센츠

펴낸이   정은경

출판등록   2024년 7월 31일 제2024-000071호

전자우편   nolda07@naver.com

ISBN   979-11-990321-5-6 (00810)

후원   경기문화재단, 김포문화재단

이 작품은 경기도와 경기문화재단, 김포문화재단의 모든예술31
(경기예술활동지원사업)으로 지원을 받았습니다.